ओ, जीवन के शाश्वत साथी

(कविता-संग्रह)

ओ, जीवन के शाश्वत साथी

डॉ. मयंक मुरारी

वाणी प्रकाशन ग्रुप

भारतीय ज्ञानपीठ

वाणी प्रकाशन : भारतीय ज्ञानपीठ की पुस्तकों के एकमात्र प्रकाशक एवं वितरक

लोकोदय ग्रन्थमाला : ग्रन्थांक 1535

सजिल्द पहला संस्करण : 2022
सजिल्द दूसरा संस्करण : 2026

वाणी प्रकाशन : भारतीय ज्ञानपीठ की पुस्तकों के एकमात्र प्रकाशक एवं वितरक

वाणी प्रकाशन

4695, 21-ए, दरियागंज, नयी दिल्ली-110 002
दूरभाष : 011-23273167, 23275710
ईमेल : sales@vaniprakashan.in
www.vaniprakashan.com

ISBN : 978-93-90659-22-7

मूल्य : ₹ 395

ओ, जीवन के शाश्वत साथी
(कहानी-संग्रह)
डॉ. मयंक मुरारी

O, JEEWAN KE SHASHWAT SHATHI
(Poetry Collection)
by Dr. Mayank Murari

मुद्रक : आर. टेक ऑफ़सेट प्रिंटर्स, दिल्ली-110 032

अनहद का आलाप, अर्चन, आचमन और अनुभव

आत्मर्पण

वह उदय हो रहा पुनः
कल जो डूबा था
उसका डूबना
उसके पीठ पीछे का अंधेरा था
उसके चेहरे पर
लौटते जीवन का सवेरा है।

वाजश्रवा के बहाने : कुंअर नारायण

परमप्रिय गुरुदेव परमहंस योगानंदजी
जिनकी अर्चना से अनहद की आवाज सुनने का आमंत्रण मिला

भूमिका

"ओ, जीवन के शाश्वत साथी" कविता संग्रह की कविताएँ अनहद की तलाश में लिखी गयी हैं। अनहद की खोज में निकला कवि अपनी अंतर्यात्रा के माध्यम से अपने अनुभव को कविताओं में पिरोता चलता है। वर्तमान समय बहुत ही भयावह होते जा रहा है। लेकिन इस दौर में भी कवि मानवीय संवेदना को बचाये रखने के पक्ष में है। इस कविता संग्रह के माध्यम से आसपास के परिवेश को साफ-साफ देखा और महसूस किया जा सकता है। "ओ, जीवन के शाश्वत साथी" डॉ. मयंक मुरारी का दूसरा कविता संग्रह है। इसके पहले एक कविता संग्रह "यात्रा बीच ठहरे कदम" प्रकाशित होकर प्रशंसित हो चुका है। इस संग्रह की अधिकांश कविताएँ विभिन्न पत्र-पत्रिकाओं में प्रकाशित होकर चर्चा में भी आयी है। डॉ. मयंक मुरारी मूलत: एक चिंतक है, जो इतिहास, धर्म, राजनीति, अध्यात्म और दर्शन पर लगातार लिखते रहे हैं। यही कारण है कि इनकी कविताओं में ये चीजें स्पष्ट रूप से वर्णित होती आ रही हैं।

इस कविता संग्रह की एक कविता "सतत स्मरण के संग" के माध्यम से कवि ने अपनी प्रिया को जीवन का शाश्वत साथी कहा है। उससे निवेदन करता है कि मेरी अर्चना को तुम स्वीका करो। मेरी आँखों के सामने जो कुछ भी दिखाई पड़ता है, उसमें तुम्हारी ही छवि दिखती है। यानी मेरे भीतर और बाहर तुम ही तुम हो। इतना ही नहीं मेरी श्वासों में भी तुम ही आती जाती रहती है। इसे कवित ने लिखा है-

"प्रत्येक घटना में जो मैं देखता हूँ
और, जो कुछ भी है,
उसमें बस तुम हो
भीतर और बाहर तेरी ही स्मृति।"

"एक कदम अज्ञात में" कविता के माध्यम से कवि ने संसार में चलायमान चीजों में ऊर्जा को महसूस किया है। बीज का उगना, पेड़ का बढ़ना, नदी का बहना,

सूर्य–चांद–धरती–हवा का चलना। यानी सबमें ऊर्जा की गति निहित है। भले ही वह हमें दिखाई नहीं पड़ती है, पर उसकी गति हमें ज्ञान नहीं होती है। यही नहीं हमारे जीवन में भी अज्ञात ऊर्जा का संचार होता रहता है। कवि ने इसे लिखा है–

''सूर्य, चांद, धरती, हवा और हम
चलते हैं, क्यों चलते हैं?
हम और सब बस ऊर्जा हैं
और हमारी गति बिल्कुल ज्ञात नहीं।''

''अंतर्यात्रा'' कविता के माध्यम से कवि ने बीज की अंतर्यात्रा का मार्मिक वर्णन किया है। बीज किसी न किसी रूप में पूरे ब्रह्मांड में व्याप्त है। इसी बीज की अंतर्यात्रा के परिणामस्वरूप बुद्ध को निर्वाण और महावीर को अर्हत प्राप्त होता है। कवि ने बीज की व्यापकता का वर्णन इस प्रकार किया है–

''विचारों को विस्मृत कर
जब अंतर्यात्रा के पथ पर कोई चला
तो, यह बीज मुखरित हुआ।
बुद्धत्व के साथ यह बीज
व्यापक और विस्तृत होकर विश्व में छाया''

एक अन्य कविता ''अब विश्राम के तट पर'' के माध्यम से कवि ने जीवन की अंतिम बेला की यात्रा का वर्णन किया है। जब जीवन मिला, तो ऐशो–आराम की जिंदगी गुजारी, अब जाने की बेला आयी तो पीछे लौटकर देखने पर कई बिंब–प्रतिबिंब दिखाई पड़ते हैं, जो विश्राम के तट पर ले जाने को उत्सुक है।

''अपनी ही परछाई के संग
बिंब–प्रतिबिंब बनाता
जीवन सरिता में
सतत तरल उत्प्लावन के बाद
अब विश्राम के तट पर।''

''नये सूर्योदय के लिए'' कविता के माध्यम से कवि ने मानवीय संबंधों की बहुत ही बारीकी से पड़ताल की है। हमारे रिश्ते–नाते अब अतीत के गह्वर में चले गये हैं। अब ये दिखाई नहीं पड़ते हैं। हमारी परंपराएँ विलुप्त होती जा रही हैं। यही कारण है कि गांव की मर्यादाएँ भी खत्म होती जा रही हैं। ऐसी स्थिति में कवि ने फिर से वही स्थिति–परिस्थिति की कामना की है। गांव के बदलते परिवेश को साफ–साफ देखा जा सकता है, इन पंक्तियों में–

''अतीत की पहचानी भूमि

से उखड़ रहे पांव,
परंपरा की कड़ियों में अब
नहीं बचा अपना गाँव।''

''वृक्ष बूढ़ा नहीं होता है'' कविता के माध्यम से कवि ने वृक्ष की जिजीविषा का वर्णन किया है। वृक्ष सर्दी, गर्मी और बरसात को सहते हैं। यानी वे एक ही जगह पर स्थिर रहकर सब कुछ सहन करते रहते हैं। जबकि आदमी में कई तरह की भावनाएँ जीवित रहती है, जो उसको बेचैन किए हुए रहते हैं। यही कारण है कि आदमी बूढ़े होते हैं और वृक्ष बूढ़े नहीं होते हैं। समय के साथ सब थक जाते हैं, पर वृक्ष सृजन के जोश में रहते है। उनके अंदर प्रेम की भावना निहित रहती है-

''वेद की ऋचाएँ
बुद्ध का ज्ञान
और स्वास्थ्य का कोष होता है
जीवन में सब थक
समय के साथ सब पक जाते हैं
केवल वृक्ष प्रेम के भाव में रहते हैं।
प्रेम की अनुभूति में
वे सृजन के जोश में होते हैं।''

इसी प्रकार ''हमारा यह बंधन'' कविता के माध्यम से कवि ने मनुष्य के अस्तित्व की तलाश की है। मनुष्य के निधन के बाद भी उसका अस्तित्व रह जाता है। हमारी बातें, हंसी, उसका संबंध सब कुछ समय के गर्भ में संचित हो जाता है। एक समय ऐसा आयेगा, जब हमारे अस्तित्व की तलाश करके विज्ञान उसे संरक्षित कर लेगा। इसकी हमेशा आशा करनी चाहिए। कवि ने लिखा है-

''एक दिन हम चले जायेंगे
हमारी बातें, हमारी हंसी और हमारा संबंध
लेकिन, कुछ भी नष्ट नहीं होगा
सब समय के गर्भ में रहेंगे
अस्तित्व में गूंजती हमारी आवाजें
गर्म, सजीव और गति के साथ।''

''हम सोये हुए लोग'' कविता के माध्यम से कवि ने मनुष्य की सुषुप्तावस्था का जिक्र किया है। मनुष्य के अंदर स्वप्न पलते-बढ़ते हैं। वह स्वप्न में कई झंझावतों से जूझते रहता है। इन्हीं स्वप्नों के बदौलत कोई सुकरात, कोई राधा, कोई ईसा, कोई बुद्ध और कोई नानक बन जाते हैं। कवि ने लिखा है-

''हमारे चारों ओर सोए हुए लोग हैं
कभी कोई सुकरात जागा, कोई राधा जागी
तो किसी ने जहर का प्याला बढ़ा दिया।
ईसा ने बोला तो सूली पर लटका दी।
बुद्ध को देवता बना दिया और नानक को सदगुरु।''

''ऊर्जा के उद्गम'' कविता के माध्यम से कवि ने सृष्टि में व्याप्त ऊर्जा का जिक्र किया है। फूलों का खिलना, पत्तों का आना, कांटों का बनना, फलों का तैयार होना– ये सब ऊर्जा से ही संचारित होते हैं। ऊर्जा की अनुभूति सृष्टि के कण–कण में व्याप्त है। कवि की दृष्टि वहाँ तक पहुँची है, जहाँ तक हमारी दृष्टि नहीं पहुँच पाती है। कवि ने लिखा है–

''फूल खिलते हैं ऊर्जा से
कांटे भी ऊर्जा से निकलते हैं–
फूल से फल उसी ऊर्जा से बनता है।
ऊर्जा छिपकर बैठा है–
पत्ते, फूल और फल में''

डॉ. मयंक मुरारी की कविताएँ सहज ही पाठकों को अपनी ओर आकर्षित कर लेती है। एक ओर इनकी कविताओं में असीम से ससीम की यात्रा है तो दूसरी ओर अनहद से अर्चना भी है। अस्तित्व के स्वरों के साथ यात्रा करते हुए इनकी कविताओं में प्रेम की अनुभूति भी सहज होती है। कवि जीव और जगत के लिए भी चिंतित है। वह जगत के कल्याण के लिए कविताएँ लिखता है। इन कविताओं को पढ़ते समय पाठन इन सारी चीजों को अनुभूत कर सकता है। लेखक ने अपनी अनुभूति में लिखा है कि अग्नि नहीं करुणा, हिंसा नहीं अहिंसा, क्रांति नहीं जागरण और अहम नहीं वयम को केंद्र में रखकर रचनाएँ लिखता हूँ ऐसी कविताएँ किस श्रेणी में आयेगी, यह मैं नहीं जानता हूँ, लेकिन इतना प्रयास करता हूँ कि पाठा तक हमारी कविताएँ संप्रेषित हो जाए। डॉ. मयंक मुरारी की कविताओं में संभावना है। ये कविताएँ इनके पहले के संग्रह से आगे की हैं। इनमें पौढ़ता दिखाई पड़ रही है। कवि को मेरी ओर से हार्दिक शुभकामनाएँ!

दिनांक 22/03 /2021

–डॉ. नीलोत्पल रमेश
गिद्दी–ए, हजारीबाग, झारखंड
9931117537 / 8709791120

अनुभूति

जब प्रात: हम आँख खोलते हैं और बिस्तर से उठते हैं तब हम सोचते हैं कि हम अब जग गये। लेकिन ऐसा होता नहीं है। शारीरिक रुप से दिनभर जगे रहने के बावजूद हमारे अधिकतर कार्य अधनींद में पूरा होते हैं। जगाने का काम जिस प्रकार सूर्य की रोशनी करती है। उसी प्रकार कविताएँ भी हमको जगाती हैं। कविता के माध्यम से व्यक्ति में करुणा, मैत्री और प्रेम के भावांकुर उत्पन्न होते हैं, जिससे जीवन को ज्यादा होशपूर्ण बनाया जाता है। यही बात पढ़ने वाले के लिए भी है कि कविता से व्यक्ति को रस मिले, सगुण का संचार हो और कहीं देह का कोई कोना भींग जाए। ऐसा हुआ, तभी कविता की सार्थकता है। कविता केवल समाज को जगाने के लिए नहीं होती है, और न ही इसमें केवल समाज की विद्रूपता एवं उसके अट्टाहास का चित्रण होती है। कविता मानवीय मूल्यों को जगाने का भी एक माध्यम होना चाहिए। व्यक्ति के निर्माण के बिना समाज का विकास संभव नहीं है। समाज के लिए ऐसे व्यक्ति का निर्माण जरूरी है, जिसमें करुणा, प्रेम और सदभावना हो, ताकि एक सजग और सहचारी समाज बनाने में उसकी भूमिका हो।

व्यक्ति के ऐसे ही कोमल एवं नाजुक केंद्रों को स्पर्श करने के लिए ही कविता को मैंने माध्यम बनाया है। हम अपने भीतर ऊर्जा को महसूस करें, उस अस्तित्व की ऊष्मा को इस चराचर के सभी तत्वों में अनुभूत करें, ताकि व्यक्ति भी कविता की तरह सजीव हो। अगर व्यक्ति पूर्णत: जागें नहीं, तो वह सजीव नहीं होगा। इसके लिए ही मैंने कविता को माध्यम बनाया। कई बार लोग कहते हैं कि आपकी कविताओं में समाज और देश के सवाल और विषय नहीं होते हैं। मेरा मानना है कि समाज के कई रूप हैं। उसी प्रकार कविता की भी कई विधा है। समाज और देश के लिए क्रांतिकारी कविता अच्छी बात है। लेकिन अगर व्यक्ति सगुण और सजीव नहीं है, तो क्रांतिकारी या प्रगतिशील कविता भी समाज को सही दिशा नहीं दिखा

सकेगी। मैं कविता इसलिए रचता हूँ कि कविता का जो कोमल पक्ष है उसके माध्यम से व्यक्ति, समाज और देश को जोड़ने वाले तत्व से खुद को जोड़ सकूँ। कविता के माध्यम से उन पटकथाओं एवं सृजनशीलता को उकेर सकूँ जो इस प्रकृति, जीवन और हमारे दिनचर्या को सजा और संवार रहा है।

मेरी कविता में बिंबों एवं उपमाओं का समावेश नहीं होता है, जो सामान्यत: कविताओं में पाये जाते है। कविता का मतलब प्रगतिशीलता है, तो मैं अपनी कविताओं के माध्यम से मानव-मन और मस्तिष्क को संवेदी बनाने का प्रयास करता हूँ। मेरे लिए अनंत के साथ संबंध और विस्तार के साथ खुद को जोड़ना ही व्यक्ति की प्रगतिशीलता की पहचान है। हम प्रगति करें, लेकिन अपने मूल के साथ जुड़े भी रहें।

अग्नि नहीं करुणा, हिंसा नहीं अहिंसा, क्रांति नहीं जागरण और अहम् नहीं हम को केंद्र में रखकर रचनाएँ लिखता हूँ। ऐसी कविताएँ किस श्रेणी में आयेंगी, यह मैं नहीं जानता हूँ लेकिन इतना प्रयास करता हूँ कि पाठक तक हमारी कविताएँ संप्रेषित हो जाएँ।

कविता को लेकर मेरी अपनी कोई धारणा नहीं है। कविता मेरे लिए उस अस्तित्व के साथ जुड़ने का माध्यम है, जिसके कारण व्यक्ति यात्रा पथ पर प्रगति करता है। मेरे लिए कविता का अर्थ प्रकृति के संदेश को पकड़ना है, जिसके हम भी एक अवयव हैं। बेहतर बनाने में प्रकृति के विविध तत्वों से सीख सकें। सुमित्रानंदन पंत की एक कविता है-

> ''जग के उर्वर-आँगन में
> बरसो ज्योतिर्मय जीवन!
> बरसो लघु-लघु तृण, तरु पर
> हे चिर-अव्यय, चिर-नूतन!''

निसर्ग में वैश्विक चेतना की अनुभूति कराती यह कविता आज के समय में ज्यादा जरूरी है। मेरा मानना है कि जैसा मन का स्वभाव या गुण होता है वैसा ही मनुष्य होता है। मन आत्मा का सर्वोपरि साधन है। मन का कार्य है आत्मा से प्राप्त संदेशों को क्रियान्वित कराने का संकल्प करना। कविता भी मन पर प्रभाव डालती है। और मनुष्य के स्वभाव को शुभ और सगुण से पोषित करती है।

जीवन में ज्यादा दुख है, क्योंकि हमारा देह और मन स्वस्थ नहीं है। देह स्वस्थ हो और मन सजग। इसके लिए कविता जरूरी है। कविता पूर्णिमा की चांद की तरह है, जो अंधकार से अठखेलियाँ करती हुई हमारे जीवन में माधुर्य और रस की बरसात करती है। जीवन में अंधेरा कम हो, खत्म हो। हमारी चेतना सजीव हो। इसलिए मैं

कविता लिखता हूँ। इसके पूर्व मेरा एक कविता संग्रह -''यात्रा बीच ठहरे कदम'' प्रकाशित हो चुका है। इसपर कई लोगों ने अच्छी प्रतिक्रियाएँ दीं और कई की प्रतिक्रिया ने मुझे कुछ सीखने का अवसर प्रदान किया। उन सीखों को इस कविता संग्रह'' ओ, जीवन के शाश्वत साथी'' में समावेशित किया हूँ। यह पाठक की नजर और दिमाग पर कितना उतरा है, इसका इंतजार रहेगा...।

-डॉ. मयंक मुरारी

आवास-तेलपा निवास

नजदीक एच-116 ए0 जी0 क्वार्टर

हिनू कॉलोनी, रांची-834002

चैत शुक्ल पक्ष, नवमी तिथि संवत् 2078।

11 अप्रैल 2021

मोबाइल: 9934320630/9308270103

अनुक्रम

अज्ञात के चरणों में विनीत

इस जगत के चैतन्य में
प्रार्थना के शब्द गूंज रहे हैं
अहर्निश हाथ ऊपर उठे हुए हैं।
बुद्धत्व की प्राप्ति ही एकमात्र प्यास।

बाहर की प्रतिमा में मुक्ति की चाहत
भीतर के अनुगमन से भ्रमित
हमारे कर्म प्रतिध्वनि पैदा करते हैं
नये नये अर्थ के साथ
महज दर्शक की तरह क्रियाहीन खड़ा

अभ्यास से असीम के आसन नहीं मिलते-
जब भीतर सचमुच समर्पण होता,
शून्य के शिखर संग अनुभूति में
असीम विलय कर आसन बनता।

इच्छा ही सारे कर्म का कारण
कर्मों की समाप्ति के आह्वान पर
शब्दों को नया अर्थ मिलता, और
कर्म के बोझ को छोड़, हो जाता।

अज्ञात के चरणों में विनीत
ओ, जीवन के शाश्वत साथी,
अंतरतम के अर्चन को स्वीकार लो।

अविरल इस पहर में

चैतन्य होकर लौटा हूँ।
अपने ना आए,
वे भी छूट गये, जो हमें बनाए।
खुद की खोज में भटका
और खुद के साथ मैं वा़पस लौटा।

भूताकाश के अंदर
अग्नि ने जगाया।
जलमंडल से ओतप्रोत
मिट्टी की आर्द्रता संग गाया।
वायुमंडल में विचरण।
फिर, चिदाकाश में मौन रहकर
अंदर चला, बदलाव का नर्तन।

स्थूल के अंदर सूक्ष्म सत्ता,
और, परिवर्तन से परे संपूर्ण जीवन।
चैतन्य की अखंडता में
गति और सदगति के संग।

अविरल इस पहर में
ओ, जीवन के शाश्वत साथी,
अंतरतम के अर्चन को स्वीकार लो।

सतत स्मरण के संग

प्रत्येक घटना में तू
और, जो कुछ भी है,
उसमें भी बस तू
भीतर और बाहर बस तू

याद नहीं करना और न रखना
किसी वस्तु को छुए बिना
हिले भी नहीं,
श्वास के अंतराल में
निरंतर प्रेम का अनुभव।

दीप, जप, स्तुति का मन
तेरी बात नहीं
महज स्मृति की यात्रा।
तेरे विषय में उच्चारित शब्द
वृथा प्रलाप और निष्प्रयोजन।

मेरी अभीप्सा ही मौन स्तुति
बिना अंतराल के प्रेम को जगाते।
इस जागरण में हरेक फूल,
बिखरे पत्थर में उसको देखना

सतत स्मरण के संग
ओ, जीवन के शाश्वत साथी,
अंतरतम के अर्चन को स्वीकार लो।

एक कदम अज्ञात में

ऊर्जा शक्ति है
यह ऊर्जा अज्ञात में चलती है
बहाव और नृत्य ही उसकी गति
और उसका जीवन है।

एक बीज उग रहा है
एक पेड़ बढ़ रहा है
तारे चल रहे।
सब ऊर्जा से चलते हैं।
और जीवन आनंदमय हो जाता है।

एक नदी बह रही है
वह सागर से मिलने नहीं जाती
वह चल रही है, क्योंकि वह ऊर्जा है
सागर बस रास्ता में आ जाता है।

नदी बहती जाती है
उसका हर कदम अनजाना है
बीज से फूल का निकल
अंधकार से जीवन में आना है।

सूर्य, चांद, धरती, हवा और हम
चलते हैं, चलते है

हम और सब बस ऊर्जा हैं
बढ़ना ही प्रकृति, बढ़ते हैं।

अस्तित्व से एकाकार की आशा में
एक कदम अज्ञात में।
ओ, जीवन के शाश्वत साथी,
अंतरतम का अर्चन, तुझको अर्पण।

अंतर्यात्रा

हरेक वृक्ष पहले बीज होते हैं
मिट्टी के साथ मिल
वह छोटा से सूक्ष्म और सूक्ष्मतम होता जाता है
जब वह विलुप्त होता मिट्टी में
तब उससे पौधा निकलता है

ऋषियों के मंत्रबीज
चेतना पर प्रस्फुटित होकर
ज्ञान की ऊष्मा से भूमि को उर्वर किये,
वेद,वेदांग,उपनिषद, पुराण
वृहद भूमि के विशाल वटवृक्ष हुए

यह बीज जब अंतर्मुखी होकर
चेतना के साथ अंकुरित हुए, तो
बुद्ध को निर्वाण
महावीर को अर्हत का ज्ञान मिला

बीज की प्रकृति
शुद्ध चेतना
राम की मर्यादा
कृष्ण की लीला, शब्दों में यही बीज
रामायण–महाभारत का संदेश देता

शुद्ध चेतना के अभाव में
अत्यंत लघु, फिर सूक्ष्म बनकर
यह बीज विलुप्त भी हुआ।
साल दर साल
उर्वर भूमि की तलाश में मौन।

अंतर्यात्रा के साथ
यह बीज मुखरित होता
कभी बुद्ध, कभी महावीर के साथ
व्यापक और विस्तृत होकर विश्व में छाता।

यही बीज शंकर का अद्वैत बना
नानक-कबीर की जीवन धारा
भारत के संघर्ष का साहस
हरेक संक्रमण और संकट में
शक्ति दिया
जीवन का मंत्र
विजय का पथ दिया।

चेतना के इतिहास में
फूल चहुँओर इस धरती पर खिले, लेकिन
बीज कहीं नहीं मिला।
भारतभूमि पर बीज सदैव रहा
सजग और आकाश में शून्य बनकर
बरसने के लिए अवसर के इंतजार में।

अगम्य शिखर पर विराजमान

जिस शिखर पर हम सदा
चढ़ने का अहर्निश प्रयास करते हैं,
पर पहुँच नहीं पाते।

जब सोचते कि मैंने पा लिया
उन क्षणों में अनुभव करते,
तू हमारी पकड़ से कोसों दूर है।

जो सदा अज्ञात रहता,
उसको जानने का दावा गलत है
तब भी, तुम को अंदर धारण कर।
अंतस के अंदर तेरी वाणी सुनता।

अनवरत यत्न के साथ
हम अनेक मार्गों से तेरी ओर जाते
पर नित्यता के समक्ष
तू अगम बन,
हमें अपरिमित गहनता में पहुँचाते।
तुमको जानने का हर प्रयास
तेरी उपस्थिति को जब धुंधला बना देती।
उस उत्कंठा विहीन पल में,

अगम्य शिखर पर सदैव विराजमान
ओ, जीवन के शाश्वत साथी,
अंतरतम का अर्चन, तुझको अर्पण।

अंतराल के मध्य स्थिर

हमारा सारा अनुभव सीधा नहीं होता
आँखें प्रकाश में
देखती हैं
सूर्य आकाश में आ गया।
आँख बंद हो तो भी,
स्पर्श
हमारी उँगलियों के पोरों पर रहता है।

आँखें जिसको देखती हैं, वह
वह रसायन होता है,
जो हमारे पास पहुँचता है।
उसको मन खोलता है
स्पर्श,गंध, भूख व प्रकाश का संदेश।

जब मन नहीं होता
तब सच में हम प्रकाश से भरते हैं
रस में सराबोर होते हैं।
कुछ भी फीका और धुंधला नहीं।

हमारी समस्या भी माध्यम हैं
दोस्त, परिवार, शरीर भी आँखें हैं
सब संदेश बढ़ाते हैं, देते है,

इसलिए हम हर बार अलग देखते हैं।

साफ और सही दृष्टि
तब होती है, जब कोई माध्यम न हो
हम खुद मध्य बन जाएँ।

अंतराल के मध्य स्थिर
ओ, जीवन के शाश्वत साथी,
अंतरतम का अर्चन, तुझको अर्पण।

अब विश्राम के तट पर

घर से निकलने के पहले
हमें बताया गया था–
जीवन को तुम जी भर जीना।

आज घर वापसी के दहलीज पर
तेरा यह सवाल कि
कौन था ?
जो तुम्हारे बदले जीवन जिया।
तुम कहाँ थे ? जब फूल खिले ,
बिजली की कड़क में,
जब मैं आया।

जब बारिश और धूप थी –
वहाँ तुम छिपे–छिपे क्यों रहे ,
वसंत में पीछे और शरद में
मौन का कारण कौन था ?

जो तुम थे, जो लेकर चले
उसको भूल गये,
जो तुम नहीं थे,
उसको अपनी पहचान बना ली।

ये सवाल ?

अब हमें परेशान कर रहे हैं-
धोखा कैसे हो गया
वस्तुतः हम प्रकट ही नहीं हुए
और शाम की बेला आ गयी।

अपनी ही परछाई के संग
बिंब -प्रतिबिंब बनाता।
जीवन सरिता में,
सतत तरल उत्प्लावन के बाद-
अब विश्राम के तट पर।
ओ, जीवन के शाश्वत साथी,
अंतरतम का अर्चन, तुझको अर्पण।

उसकी मौन अभीप्सा में

प्राण ही जब प्यास
बनकर, उस अज्ञात को खोजने
निकलते हैं, तो प्रेम होता है।

मन से,
केवल किसी को चाहना नहीं,
उसको स्मरण भी रखना,
उसकी अनंत अभिव्यक्तियाँ
विभिन्न रूपों का सौंदर्य, ही
प्रेम की अखंड धारा है।

प्रेम अलग नहीं होता–
वह सहज रस,
फूलों से सुगंध बन फैलता है
रात्रि में तारों संग चमकता है
इंद्रधनुष में झलकता है।
हर सुंदर पर ठहरता है।

वह हमारीआँखों का प्रेम
हरेक रूप में स्थापित होकर
शब्दों से बंधकर
रुक जाता है,

कथा और सत्य की तरह।

सतत साधना है प्रेम
बहती गंगा की तरह प्रेम
सागर से मिलने के लिए व्याकुल प्रेम।
रूकता नहीं, वरन
श्वास लहरों के साथ, अनवरत गमन।

उसकी मौन अभीप्सा में।
ओ, जीवन के शाश्वत साथी,
अंतरतम का अर्चन, तुझको अर्पण।

पूर्णता की प्राप्ति के पहले

हमारा अधूरापन,
स्वयं से ही सदैव अतृप्त रहना
ऊपर उठने के
अमूल्य अवसर को व्यर्थ खोना
एक यात्रा है, जो
बताता है, हमारा विकास जारी है
वह कहीं रूकता ही नहीं।

सांप की तरह केंचुली छोड़कर
सदैव आगे बढ़ते जाता,
हमें सदा अधिक सिखाता है
रूपांतरित कर
अवरोध को सीढ़ियाँ बनाता है।

पूर्णता की तट पर
नौका को लगाने के पहले
खुद गोता लगाना,
अंधकार में किरण के अनुसरण
से प्रकाश खोजने की तरह है।

यात्रा में रहना, फिर बहना
नाचना और साथ के लिए चलना

विराट के नृत्य का
सहभागी हो जाना भर नहीं।
अंदर के सरोवर को
तरंगित कर चलित करना है।
पथ के विराम तक
पूर्णता की प्राप्ति के पहले।
ओ, जीवन के शाश्वत साथी,
अंतरतम का अर्चन, तुझको अर्पण।

अज्ञेय पर समाप्ति के पूर्व

जब तक द्वार न खुले
भीतर का सोचना बिल्कुल व्यर्थ है
समय, शक्ति और जीवन सब बेकार नष्ट करना
सारे रहस्य को भी जान लेना
कोई काम का नहीं।

बड़े-बड़े ढाँचे खड़े किये,
सुंदर और बारीक सजावट की
लेकिन महल के अंदर नहीं घुसे
बस ध्वनि और प्रकाश में हम उलझे रहे
मौन के जल कलश में
प्राण के दिव्य रथ पर आरूढ़।

कर्म पथ पर प्रतिपल गमन
तेरे स्पंदन की आहट
ऊर्जा के छुअन की अहर्निश प्यास
अज्ञात से आरंभ कराता,
चिरंतन की यात्रा में बस एक आश।

अज्ञेय पर समाप्ति के पूर्व
ओ, जीवन के शाश्वत साथी,
अंतरतम का अर्चन, तुझको अर्पण।

अपने समस्त विश्वास के साथ

नीरव और पवित्र रात में
मेरा उमड़ता हृदय
जीवन को आलिंगन करने के लिए
जाग्रत हो गया है।

हृदय में तेरे मौन का स्वर, और
प्रार्थना का लौ जलाकर,
शून्य में अर्पित अपने
हृदय की प्राण लहरी।

मेरा अस्तित्व भ्रमण करता
काली रात में जुगनू की रोशनी में,
मेघ के जलकण से सिमटी
केतकी के पत्ते संग।

तुझे खोजने की जिद में
हर ओर भटकता और
अस्तित्व के हर सृजन पर
अपना विश्वास अर्पित करता।
मौन भावों से,
जीवन रस की उपलब्धि के लिए।

हर प्रकार के अज्ञान को,
अंधता को पांव तले दबाकर
ऊपर खुले आकाश की ओर
तेरी ओर ही देखता
अपलक और अहर्निश
कोई ओंस के बूंद संग
तेरा संदेश आ जाए।

दिव्य के प्रेममय हृदय से
अपने समस्त विश्वास के साथ
ओ, जीवन के शाश्वत साथी,
अंतरतम का अर्चन, तुझको अर्पण।

ज्ञान के विसर्जन वेला में

ज्ञान हमारी स्मृति है
जिससे हम सदैव चिपके रहते हैं
ये वासना हैं जो ऊर्ध्व गमन
में बाधा बनते हैं।

हमारा सारा डर ज्ञात का है
जीवन, दुख और मृत्यु
की अनुभूति
से भयभीत होकर भी, हम
अज्ञात में नहीं रहते।

हमारे सारे विचार, घाव,
वासना, आशा-निराशा के कोहरे
नूतन को सम्मुख नहीं आने देते
और भय शेष बना रहता है।

अधिक ज्ञान को अर्जित कर
सबको एक कर।
एक कोण से
जीवन का संपूर्ण नहीं,
विभ्रम, विरोध और क्लेश
की छवि सामने आती है।

हमारे ज्ञान और उसकी निरंतरता
जीवन से हमें दूर कर
तमाम क्लेश से भर देते हैं।
और हम अपने ज्ञात को
खोने से डरते हैं।

अस्तित्व को समझने के लिए
मुक्त होना होगा,
जीवन के सारे संचित को छोड़,

ज्ञान के विसर्जन वेला में
ओ, जीवन के शाश्वत साथी,
अंतरतम का अर्चन, तुझको अर्पण।

मुलाकात के दहलीज पर ठहरा

हम चलते हैं
हम मात्र चलते जाते हैं
समय के साथ, लेकिन वह ठहरा
हम लगातार चले।

हम चलते रह जाते हैं
बच्चों को मूर्ख मानते
बुढ़ापा को मृतवत देखते।

गतिक्रम में
सब एक दूसरे को गलत समझते।
चलते हम, अतीत से वर्तमान
और भविष्य में।
हमारे लिए समय मात्र एक सेतु
एक इच्छा से दूसरे, और
पुनः तीसरे पर जाने के लिए।

हमारी इच्छा का रूकना
गति का विराम है।
उसी विराम में समय का नाम है।
समय वर्तमान है, जिसमें

मिलन का एहसास है।

मुलाकात के दहलीज पर ठहरा
ओ, जीवन के शाश्वत साथी,
अंतरतम का अर्चन, तुझको अर्पण।

बिना किसी इच्छा के पल में

शिखर से सब लीला
सतह पर बस यह खेल,
ऐसे में सृजन की हमारी कोशिश
केवल मूर्खता का मेल।

खेल स्वत: सुखकर है
खेल सिर्फ खेलते रहे,
कोई परिणाम की चाहत न बने
ऐसा बच्चा बनकर
बिना किसी कारण के
मजा लेना भी सुंदर कर्म है।

अपने खेल में निर्दोष होना
आवरण उतारना ही पुकार है।
खेल के द्वारा बना दी स्थिति, तो
वह खुद उतरेगा
बहेगा नीचे हमारे साथ।

कुछ भी पाने को नहीं
फिर भी देते रहना
देना ही खुद खेल है जिसमें
निरतंर पाने की परिपूर्णता है।

गहरी परिपूर्णता के लिए
बिना किसी इच्छा के पल में
ओ, जीवन के शाश्वत साथी,
अंतरतम का अर्चन, तुझको अर्पण।

हम प्राणियों के बीच

उदास पृथ्वी से
हम प्राणियों के बीच रहने वाला
दूर चला गया है
हमसे बहुत दूर -
जहाँ कोई नहीं जा पाता है।

रसों में नीरस का भाव
पृथ्वी पर नहीं कोई सुवास।
हमसे दूर परलोक में
जा सिमटा है प्राण का लोक।

पेड़ों की पत्तियों में
अपनी ही प्रतिध्वनियों में
सुषुप्त स्मृतियों में
छाया है शोक।
तुम जहाँ भी गये हो वो प्राण

तल में, जीवन के अभाव में
तम में, समय के घाव में
सुबह और संध्या के अंतराल में
हमारे हरेक चाल में

लौट आओ वो स्पंदन के स्वर
अपनी अपराजेय शक्ति का
एक बार फिर करो आह्वान
हम प्राणियों के बीच।
जीवन की बिगड़ती धारा को
मोड़ने और सहेजने के लिए
हम प्राणियों के बीच।
ओ, जीवन के शाश्वत साथी,
अंतरतम का अर्चन, तुझको अर्पण।

असीम के अनंत आकाश में

उस शब्द को सुन पाना
समीर में उस सांस को लेना
अनेक वाद्यों में
सस्वर नाद को पहचान लेना
तेरी ओर उन्मुख होना है।

विशालता की तेरी अपूर्व सुगंधि में
अपनी मूर्खता को नष्ट कर
अनंत में श्वास लेना
निरंतरता में घूमना
अपनी सीमाओं से मुक्ति का डर
हमारी दुर्दशा का कारण बन
दु:ख में हमको रखता है।

हमारी विडंबना की ,
जो परम सौभाग्य हमारा,
अज्ञान उससे दूर कराता है।
सदा तुझ में ही निवास करना
बस यही एकमात्र
ज्ञान का बोध कराता है।

कर्मों से विरक्त होकर नहीं

दायित्व को त्याग कर भी नहीं
बल्कि हरेक कर्म में
आवरण के पीछे तेरी अभिव्यक्ति,
सजग होकर परिचय देती है।

तेरे सौंदर्य जब फैलता जाए
प्रेम सब हृदय में प्रज्वलित हो,
जिसमें सबकुछ शामिल हो, उस
असीम के अनंत आकाश में।
ओ, जीवन के शाश्वत साथी,
अंतरतम का अर्चन, तुझको अर्पण।

राग अनुराग की दुनिया में

जब मैं पहली बार हंसा
उसी क्षण मुझे प्रकाश मिला।

ढोल के निकले नाद से
शून्य में ब्रह्म को वास मिला।

राग अनुराग की दुनिया में
विदग्ध आत्मा की पहचान गौण है

रात-दिन में अंतर कर
सूरज क्षितिज में रहता मौन है।

शब्दों की व्यस्त दुनिया में
राग-विराग की ध्वनियाँ चलती हैं।

भाषा के पूरे आकाश में
घटना को जोड़ स्मृतियाँ बनती हैं।

मैं प्राण हूँ, मैं सुवास हूँ

सृष्टि में अहर्निश वास हूँ
मैं प्राण हूँ, मैं सुवास हूँ

अंत तक जीवन का मेला,
जागरण की आ गयी बेला,
शाश्वत ने यह नूतन खेला,

मौन में शांति का प्रवास हूँ।
मैं प्राण हूँ, मैं सुवास हूँ

सृष्टि की पटकथा का कर्म
काल के संवत्सर का धर्म
ब्रह्म की संकल्पना का मर्म

नि::शब्द यात्रा का राज हूँ
मैं प्राण हूँ, मैं सुवास हूँ

चैतन्य में सिमटा सुमधुर जल
सूर्य की ऊष्मा का अमित बल
दिव्य ज्योति से गढ़ता हर कल

जागृत चेतन के पास हूँ।
मैं प्राण हूँ, मैं सुवास हूँ

अस्तित्व के हरेक खिलावट में

जब भी मैंने देखा
प्रकृति के पीछे से आयी
विविध रंगों में खिले
हरेक फूलों में उसका ही गंध।
प्यार से निहारा, और
हर रंग के सौन्दर्य से हारा।

रंगों में सिमटे इंद्रधनुष में
केवल वह,
हरेक जीवन के धड़कन में
बस वह।
हमें गलती पर जगाता,
सोने के समय
बस जगाता है, वह।
वही तुम,
तुम ही वह, केवल प्रेम।

आँख बंद कर देखा
जहाँ तेरा ही विशाल शरीर
तेरी ही हर आकार में
निराकार के समक्ष नतमस्तक।
अपनी ही सीमा में उलझकर

हर बार किया मैंने तेरी ओर यात्रा।

प्रकृति के घूंघट में सिमटी
हरेक सुबह और शाम के साथ
उसका प्यार दिखता है,
अस्तित्व के हरेक खिलावट में।

ओ, जीवन के शाश्वत साथी,
अंतरतम का अर्चन, तुझको अर्पण।

शून्य में गूंजते मधुर स्वर

सृजन का हर पल करती तेरी अर्चना।

ऐसी दिव्य ज्योति से बनी
हरेक तत्व में ब्रह्म की अवधारणा।

काल की गति में जीवन
प्राण के उत्कर्ष का है सजल होना।

चेतना की बहती धारा में
अस्तित्व के शिखर की ये हैं स्थापना।।

जीवन की पूर्णता के लिए
मानव की होती है अहर्निश प्रार्थना।।

सांसों में उस तरंग के लिए

अहोरात्रि भटकने के बाद
एक बूँद भी जीवन में उतर जाए,
होश का कभी सवाल नहीं
उसकी खुमारी में हृदय तर जाए।

सत्य का मुझे जिज्ञासा नहीं
कुतूहल के साथ ही जीवन बहा,
सूत्रों की व्याख्या जरूरी नहीं
एक शब्द के लिए सदा इंतजार रहा।

हवा, सूरज में वही जल
रात रानी में सुवास बन मिल रहा,
प्यास की तृप्ति का बल
वृक्षों में फूल-फल बन खिल रहा।

जहाँ रस पकता है,
उस विश्राम की बस आस है,
आकाश झुक कर भींगा दे
केवल उसी अनंत की प्यास है।

सांसों में उस तरंग के लिए -
ओ, जीवन के शाश्वत साथी,
अंतरतम का अर्चन, तुझको अर्पण।

जागरण के मिलन की वेला में

ये ताश के पत्तों का घर
कब तक हमारी रक्षा कर पायेगी,
कागज के नाव की यात्रा
किस छोर पर हमें लेकर जायेगी।

बार -बार चढ़ा और उतरा
जीत की आशा में हर बार हारे ,
रोज बनाते, रोज निभाते
पर यूं ही हम आ पहुँचे किनारे।

शून्य इशारा है कर रही
बार -बार मिटने की बारी न आए
भीतर स्थिरता बने, और
जीवन में तेरी खुमारी आ जाए।

स्वाद एक बार जो मिले,
अमिट रस श्वांसों में बस जाए,
प्राणों की मेरी भाषा को सुन
फिर पीना न पड़े, ऐसा उतर जाए।

जागरण के मिलन की वेला में
ओ, जीवन के शाश्वत साथी,
अंतरतम का अर्चन, तुझको अर्पण।

इस प्रेम की वजह से

जब तुम झील बन जाते हो
बिल्कुल तर्क रहित,
तब तुम दर्पण बन जाते हो।
तुम्हारे भीतर से आती है
उसकी महक,

जब हम उसके रस में डूबते है
बार बार अनुभूति
तेरे सत्य का-
ऑखें बेवजह जब नम हो जाती हैं,
मौन में तेरे होने का बोध
अस्तित्व के नाद में गूंजता है।

तुम्हारे भीतर का ठहराव
एक अखंड ज्योति-सा-
अकंपित।
चतुर्दिक बनाता संगीत की लहर।

नर्म धूप में तेरा स्पर्श
चांदनी रात में तेरे संग भींग
तेरे स्वाद में डूबकर
खुद को तेरी खुमारी में करता विलीन।

तेरे स्वर में,
उस नाद का अनुभव, और
उस गहन संगीत में हम
अस्तित्व के साथ लीन हो जाते है।

अदृश्य होने के बाद
पहली बार तुम्हारा सजल प्रेम
वायु और जल जैसा सच लगता है
एक गतिशील शक्ति
हमारी हरेक चीज की बुनियाद है
इस प्रेम की वजह से
हम इस दुनिया में आये हैं,
यह हमारे और तुम्हारे भीतर है।

यह प्रेम, यह अदृश्य शक्ति
हमें सदैव तुम्हारी ओर खींचता है,
एक से दो और
परिवार, फिर
आगे समाज बनाता है।

यह तुम्हारा नियम
असंख्य आकाशगंगाओं से लेकर
हरेक अणुओं तक को
सक्रिय रखता है।

अस्तित्व का हरेक नाद
एक चुंबक
जो आदि काल से जोड़ता
आगे भी यह रस
तेरी ओर जाने को करेगा प्रेरित।

फूलों को देखते हुए

जुही के फूलों को
तुमने जब निहारा
तब से सब खिले हुए हैं।

ऊर्जा का आरोहन
वृक्ष के पत्ते
और टहनी को रस से भरकर,
और रस को फूल-फल
बनाने में लगे हुए हैं।

तेरी छूअन से
जड़ों का जुड़ाव जल से होता
टहनी के पीछे छिपा जल,
जल से जुड़ा हुआ आग
तेरी राग में
रंगीन फूल बनाए हुए हैं,

मधु पराग की टपक में
तितली और मधुमक्खियों के भ्रमण में
तेरी श्वास का गंध।

उसमें आकाश दिखता है-

वह रोज बढ़ते, तेरी ओर
वरना बार-बार मन
क्यों मोहित होता भला,
जेतवन में तुझे देखते हुए
भिक्षुओं में संकल्प धारण किये
कुम्हलाकर गिरने के पूर्व
तेरी शिखर की ओर पहुँच ही जाते हैं।

इन फूलों की जीवन कथा
अनादि से अनंत काल तक का
क्षणभंगुर की चर्चाओं में निरंतरता का,
वैदिक ऋषियों से आ रही
स्वस्तिवाचन के साथ जुड़ी परंपराओं का।
इसकी स्मृतियों में
तट के उस पार जानेवाली नौका
और संग में साक्षी भाव का।

तुझे देखना,
समय के रथ पर सवार
प्रति क्षण तेरे सामने होना जैसा।
आनंद गान की तरंग को
मस्तिष्क में लहरना, और
साथ ही अनुभव करना -
मेरी सत्ता के अंदर
तुम सदैव विराजमान हो।

तेरी अभिव्यक्ति की घड़ी में

जीवन के सभी भाव में
दैनिक कार्यों के सभी रूपों में
सभी विचारों में तेरे
स्वर के बाद ,

कोलाहल में दौड़ते जाना
व्यर्थ का थोथा
हलचल मचाना जैसा है,
अपरिचित देश में
संबंध बनाने के पहले
जागृत मान लेना
देश में परदेशी बनना है।

खंड के साथ होने की बाध्यता
बुद्धि नहीं समझ सकती।
परिपूर्ण शून्यता में सदैव ही
उतरने का जैसा डर समायी होती।

सब कुछ मिटने के बीच
दीप्ति फैलाने वाली,
तेरी अभिव्यक्ति की घड़ी में।

ओ, जीवन के शाश्वत साथी,
अंतरतम का अर्चन, तुझको अर्पण।

क्षण की पूर्णता में

किनारें पर खड़ा होकर देखते,
क्षण में सागर चढ़ बैठते
और क्षण में
उतर भी जाते हैं।
उसी प्रकार ही
क्षण में प्रेम,
ठीक दूसरे क्षण में घृणा
से हम भर जाते हैं।

प्रतिपल होती
क्रिया की प्रतिक्रिया,
हरदम जीवन खोजता–
रास, उत्सव, स्वर और संगीत
में केवल सक्रियता।

क्षण राज खोलता रहता
कभी मौन,
कभी संवाद से।
क्षण सबकुछ है
वही वसंत और वही है पतझर
उठती गिरती लहर सा
सुख है शरद
हेमंत है दर्द

प्रतिपल चक्रबदलता।

क्षण रचता है
सदैव मन में ठहराव,
अस्तित्व के स्वर
जब लाता विचार में बिखराव
क्षण भरता है
मन में बोधमय भराव।

सतत बहता क्षण
रखता समय पर पहरा
गहरे डूबा जो
वही इससे कभी नहीं है डरा।

क्षण के तट पर
धीर गंभीर खड़ा तटस्थ।
आकार और निराकार
के साथ रहता व्यस्त-
चेतना की ऊर्जा से एकाकार
क्षण की पूर्णता में।

ओ, जीवन के शाश्वत साथी,
अंतरतम का अर्चन, तुझको अर्पण।

असीम की अनंत अर्चना हूँ

जीवन में प्रवाहित चेतना हूँ
असीम की अनंत अर्चना हूँ

वृक्ष में हवा का गुंजन,
नदी का नग से सृजन
नभ में मेघों का गर्जन

अस्तित्व में अमृत देशना हूँ।
असीम की अनंत अर्चना हूँ

शून्य में छिपा निनाद,
शब्द का सस्वर पाठ ,
जीव के पूर्व और बाद

दिव्यता से निकली वंदना हूँ
असीम की अनंत अर्चना हूँ

कविता में अप्रकट छंद,
मुक्ति का अव्यक्त द्वंद्व,
अंधेरा बीच शुभता बंद

सृष्टि कथाओं की धारणा हूँ

असीम की अनंत अर्चना हूँ

अर्पित तुझ संग ये आशा,
जीवन की सारी अभिलाषा,
जन्मों की है मेरी पिपासा ,

अनंत यात्रा की कल्पना हूँ
असीम की अनंत अर्चना हूँ

नये सूर्योदय के लिए

हमारी यात्रा
अज्ञात पथ पर है।

जीवन में जो ज्ञानी रहे
वही छूट रहे,
जो भी थोड़ा परिचित रहे
वे भी अदृश्य हो रहे।

अतीत की पहचानी भूमि
से उखड़ रहे पांव,
परंपरा की कड़ियों में अब
नहीं बचा अपना गांव।

संक्रमण की वेला में
पुराने की बलि देनी होती है,
उषा के अंधेरा काल से
रोशनी की लालिमा होती है।

इस संकट की घड़ी में
मनुष्य की चेतना
नया आरोहण चाहती है,

बीज के टूटने पर, जैसे
सूर्य की तलाश में
अंकुर ऊपर को दर्शन देता है।

जैसे सुबह के पूर्व
घना अंधकार छाता है,
यात्रा में जीवन
केवल आगे ही जाता है।

पीछे लौटना संभव नहीं, तब
नये सूर्योदय के लिए,
ओ, जीवन के शाश्वत साथी
अंतरतम का अर्चन, तुझको अर्पण।

अकेले ही जीवन के दुख में

इस पृथ्वी पर पुराना कुछ नहीं बचता,
हमारी मन में बसी कामना
हमारे कर्म, और प्रारब्ध
प्राकृतिक आपदाएँ
कहीं कुछ नहीं रूकता, बस
सब चलता जाता है।

जीवन रोज की विजय यात्रा है
रोजाना कुरुक्षेत्र सजता है,
युद्ध से हम बाहर आकर
हम नया चोला धारण करते हैं।

इसलिए जागरण जरूरी है,
चुपचाप समझना
दुख, सुख और दोनों के बीच को
दो किनारों के बीच
वर्तमान को तलाशना ही
हमारी नियति है।

अनिश्चितता को दूर करने के लिए,
पुराने और भविष्य की
स्मृतियों और कल्पनाओं से दूर

जरा जागकर चलना है,
फूल को खिलाने के लिए
अकेले ही जीवन के दुख में।

वर्तमान में उपस्थिति के लिए

न्यूनतम ऊर्जा के बोध से
आदतें बदल जाती हैं,
धीमी गति के कारण
हमारे पैर
सदैव धरती पर टिके रहते हैं।

आदत के कारण हम
हरेक यात्रा में भटक जाते हैं,
बंधी दिनचर्या से
जीवन में हम अटक जाते हैं।

सारे काम में धीमी गति
चीजों के दर्शन में ऊर्जा लाती है
सतर्क होने के कारण
सम्यक गति संग रोमांच लाता है हमारे व्यवहार थकान नहीं

हर छोटे बच्चों जैसा,
हर दिन हर पल उत्तेजित करे
हरेक काम को करते हुए।

पहली बार के अनुभव में जीना
धीमी गति की यात्रा से
होशपूर्ण बन जाते है।
वर्तमान में उपस्थिति के लिए।

जीवन एक लंबी यात्रा है

जीवन एक लंबी यात्रा है
सत्य की छोटी मात्रा है

विस्तृत बस्ती का पर्ण है
शब्द के समूह का वर्ण है

जीव अंदर बसी आज्ञा है
हरेक नाम में वह संज्ञा है

पिजड़ा में सिमटा काम है
सब आम में वह सर्वनाम है

कर्म के विरुद्ध प्रतिक्रिया है
शुभता में निहित क्रिया है

गगन के रंगों में चित्रण है
संसार में फैला विशेषण है

अहर्निश प्यास का सृजन है
अमृत आचमन का वचन है

सृष्टि की कथा का मन है

आत्मा तत्व में संक्षेपण है

ब्रह्म की धारण में भोक्ता है
काल की भाषा में कर्त्ता है

शरीर के अंदर वह बंदी है
संबंध के मिलन की संधि है

प्राण की गति का ताड़क है
हमारे संबंधों का कारक है

प्रेम की शक्ति की खोज के लिए

प्रेम की शक्ति
अस्तित्व की एकमात्र प्रज्ञा है
प्रेम का रस
पौधों में फूल उत्पन्न करता है
मानव शरीर में कोशिका,
फूल तथा मानव के लिए
कांटे और त्वचा का रक्षा कवच बनाता है।

हमारे लिए प्रेम
हर कुछ करता है।
लेकिन जब तक सवाल नहीं पूछेंगे
कोई जवाब नहीं मिलेगा।

जटिलता में सरलता
विचार में सद्भाव
भोजन में तृप्ति
और हरेक तत्वों से संबंध का आधार
प्रेम की शक्ति होती है।

जीवन में केवल प्रेम है,
प्रेम के सिवाय कोई शक्ति नहीं, जो
गरमी से वृक्ष को सुलझा दे
और उसके विकास एवं फल को मिठास भी दे।

जिस पेड़ से पत्ते गिरते हैं
उस पर ही नये कोंपल का आना
यह प्रेम का ताना-बाना है।
प्रेम में निवास करने पर
भोजन ज्यादा स्वादिष्ट लगता है
शरीर लचीला और
प्रकृति की ध्वनियाँ स्पष्ट आती हैं
जैसे-जैसे प्रेम भीतर बढ़ता है
फूल की तरह सौंदर्य
आत्मा में जीवंत हो जाता है।

प्रेम हमको चलाती है,
प्रेम के कारण ही आत्मबल बना रहता है
पत्थर की नक्काशी से मूर्ति बनाना
प्रेम की प्रेरणा से संभव होता है
प्रेम के कारण ही वेद की ऋचाएँ
हजारों साल अलिखित पर, दिल में रहीं।

प्रेम की शक्ति अद्भुत है
वह बुद्ध के निर्वाण का कारण है
हरेक आविष्कार के पीछे प्रेम की चेतना है
अग्नि, बिजली और दवाई की खोज
संभव हो पाया।
प्रेम दाव पर था
मानव की हरेक रचना में
प्रेम का सन्निहित भाव है।

जीवन के हरेक कार्य में
प्रेम की शक्ति की खोज के लिए
ओ, जीवन के शाश्वत साथी,
अंतरतम का अर्चन, तुझको अर्पण।

वृक्ष की यात्रा

जो ऊर्जा बीज में थी,
वही ऊर्जा वृक्ष में बदल गयी,
वृक्ष ने उससे
टहनी, पत्ता, फूल और फल बना दिए।

अभी तक रस और सुवास
अंदर की ओर बहता है,
फूल उसी ऊर्जा को
चतुर्दिक सुगंध में फैला दिया।

सुवास संग फूल के
उड़ने की चाहत
ऊर्जा बन फूल की सुवास
फल में वही फैलकर
बनती जीवन की मिठास।

फिर,
अनंत आकाश से
तितलयाँ और चिड़ियाँ आती
रस, गंध और रंग के मोह में
साथ ले जाती सुवास
और फैला देती दिग्दिगंत।

सभी दिशाओं में
सुवास संग वृक्ष की ऊर्जा
सूक्ष्म रूप में यात्रा करती
वृक्ष को बड़भागी बनती।

होशपूर्ण व्यक्ति

एक होशपूर्ण व्यक्ति
समय के एक चरण से दूसरे में
बस सरक जाता है,
जैसे सुबह की ओस की बूंदें
घास की पत्तियों से
नीचे की ओर फिसल जाती हैं।

होशपूर्ण व्यक्ति
कोई भी भार अपने पर
नहीं रखता है
वह हमेशा बिना भार के
चलता रहता है।

होशपूर्ण व्यक्ति की जीवन यात्रा
सांप की तरह होता है,
समय के अंतराल पर
एक सांप की तरह केचुंल छोड़कर
बाहर सरक जाता है।

वह कुछ नहीं लेता,
जो छोड़ता है,
पीछे लौटाता भी नहीं
देखता भी नहीं
बस आगे बढ़ता जाता है।

अंधेरे को खुद आलोक से भर

जब हम बुद्धि के गुण से नहीं
स्वभाव से, दूसरे को
भूलकर, खुद को देखने लगते हैं,
एक शांति की गहराई,
बिन बाती और बिन तेल भी
अमिट प्रकाश-सा
सामने दिखते रहते हैं।

हम जहाँ भी भागे,
चाहे पर्वत की चोटी जाएँ,
स्वाद में अमृत के लिए
फाइव स्टार में हम रोटी खाएँ।

भागकर कहीं भी जाएँ
हमसे परिचय कराने वाला
सदैव साथ है।
कहीं भी, हर सुबह-सांझ
हमारे सर पर
उसका प्रेम और हाथ है।

रस की बात जैसे नहीं
जीत के पक्ष में

जीवन का सबसे बड़ा
रहस्य छिपा है
अस्तित्व के हरेक अक्ष में।

तट पर विराम की स्थिति हो
तब फर्क नहीं होता –
कौन आया कौन जा रहा
अच्छा या बुरा
धीरे–धीरे सब विदा हो जाते हैं
सुबह की ओस की तरह।

उस अनुभव में जीना
उस परम ऐश्वर्य को पा लाना,
स्वयं के जागरण में
अपने अंधेरे को खुद आलोक से भर।

ओ, जीवन के शाश्वत साथी,
अंतरतम का अर्चन, तुझको अर्पण।

ओस की बूंद की तरह

नवजात शिशु बने रहे
तो जीवन में मोहक गीत उठे
ह्रदय में वह स्वर बने
जिससे अनहद की गूंज उठे
भाव भंगिमाएँ जागकर
उपनिषद की ऋचाएँ बनती जाए।

हर पतझड़ के साथ
हमको रंग से भरने
वसंत-सा मीत आए, और
नयी कोंपल के संग
पेड़ों के नृत्य में
अतीत का शोक गीत गाए।

हमसे पूछकर
प्रकृति नहीं बह रही,
न ही सृष्टि की गति
चल रही।

बच्चों के मन की तरह
हम चल रहे,
हर कर्म को ऐसा करते

बिना आशा की
हमारी इच्छा हर पल रहे।

कलियाँ हर पल फूल बन रहीं
पौधे बड़े हो रहे
इन शाश्वत सृजन की तरह
हम भी बच्चे ही रहे, ताकि

जिस दिन सृष्टि खत्म हो
हममें ताजगी बनी रहे
सुबह की ओस की बूंद की तरह।

ओ, जीवन के शाश्वत साथी,
अंतरतम का अर्चन, तुझको अर्पण।

वह अरूप है

वह अरुप है
सृष्टि का रस रूप है।
शब्दों में गाता है
हर रचना से उसका नाता है।

हमारा और उसका
अटूट संबंध है,
राग की धारा
फिर भी, वह बहता निर्बंध है।

चराचर में पसरा
मधु के साथ वह रंग है,
हर इच्छा के संग
फाग और स्वर में मृदंग है।

समय की यात्रा
में पल प्रतिपल शोध है,
नयापन का सदैव ही
वह अंतर्बोध है।

प्रकाश की गति से परे है,
हर तत्व से बड़े हैं

फिर भी
उसके चिन्ह
अस्तित्व में बिखरे पड़े हैं।

हर अणु में
उसकी अनुभूति है,
विराट में सिमटा
वही सनातन विभूति है।

सीढ़ियाँ

सीढ़ियाँ सदैव ही
पकड़कर ऊपर चढ़ी जाती है
और नीचे उतरना भी
उसी सीढ़ियों के मदद से होती है।
ऐसे ही समय केवल
काल बोध ही नहीं होता है।
ये सीढ़ियाँ भी होती हैं,

प्रकृति महज
जगत के अंश नहीं होती है,
समय के पीठ पर
कारनामों की छिपी कृतियाँ होती हैं।

प्रकृति को अपने जीवन में
छोड़ने पर, वही सीढ़ियाँ
नीचे धकेल देती है,
जो कभी हमारे पैरों को
ऊपर ले जाती थी।

समय के संग
प्रकृति की हमारी यात्राओं में
कुछ भी स्वभाव के विपरीत करना।

हमें नीचे ला पटकती है।
वह याद दिलाती है-
सीढ़ियाँ ऊपर केवल
तभी जाती है, जब वह नीचे जुड़ी रहे।

वृक्ष बूढ़ा नहीं होता है

वह जीने को सदैव राजी होता है,
आदमी बूढ़ा होता है
क्योंकि वह लड़ता है
वह थकता है
और जर्जर हो जाता है।
वृक्ष बूढ़ा नहीं होता, क्योंकि
वह न लड़ता है, न झगड़ता है
बस ठहरा रहता है

वृक्ष बूढ़े होते हैं
परंतु कुरुप नहीं होते हैं।
वे अस्तित्व के साथ एकाकार होते हैं
उसमें न शीघ्रता होती है
केवल धैर्य होता है,
वासनारहित जीवन होता है
इसलिए थकते नहीं
समय की यात्रा में रुकते नहीं।

आदमी बूढ़ा होकर
कुरुप हो जाता है
बूढ़ा वृक्ष
सौंदर्य का स्वरुप हो जाता है।

वृक्ष लड़ता नहीं है,
सहता है –
वर्षा, धूप,सर्दी और गरमी,
संसार बदलता है,
समय बदल जाता है, और
सूरज चांद के साथ
गुजर जाती है हवाओं की नरमी।

वृक्ष कर्म नहीं करते
बस चलते जाते हैं,
जहाँ वह ले जाए,
बूढ़े वृक्ष के पास बैठना
इतिहास के साथ होना है,
उसके पन्ने पर हम
खुद को पाते हैं।

वेद की ऋचाएँ
बुद्ध का ज्ञान
और स्वस्थ का कोष होता है,
जीवन में सब थक
समय के साथ पक जाते हैं
केवल वृक्ष प्रेम के भाव में रहते हैं
प्रेम की अनुभूति में
वे सृजन के जोश में होते हैं।

कर्म के बिना पथ पर

हमें बताया गया
धरती पर जो भी मिलता है
उसके लिए कर्म करना जरूरी है,
कर्म से सब मिलता है,
लेकिन प्रेम नहीं मिलता है।
प्रेम के लिए चेष्टा
हवा के विपरीत चलना है
व्यर्थ में श्रम करना है।

जगत में सब कर्म से मिलता है
सिवाय प्रार्थना के।
प्रेम के लिए हवा के सहारे
चलना होता है।
जीवन का प्रसाद होता है
यात्रा पथ का विश्राम होता है।

यह थकती नहीं, रुकती नहीं
कर्म थक जाए
लेकिन प्रेम चलता जाए
कर्म के बिना ही पथ पर।

ओ, जीवन के शाश्वत साथी,
अंतरतम का अर्चन, तुझको अर्पण।

मनुष्य

मनुष्य जब देह का
अनुसरण करता है, तब
वह मृण्मय होता है,
वही मनुष्य उच्च ध्येय को
अनुगमन कर
चिन्मय बन जाता है।

आदमी जब नीचे
पैर की ओर देखता है,
तो पाप को ढ़ोता है,
वही आँखें,
आकाश को निहारता है, तब
पुण्य के लोक में होता है।

प्रकृति ने हमारे अंदर
बीज रोप दी है,
जीवन ऊपर की ओर
उठता है,
या पीछे नीचे गिरता है,
उसकी कमान
खुद हमको सौंप दी है

जीवन में चैतन्यता
प्राप्त करने का निर्णय
हमारे हाथ में है,
सृजन या होगा विसर्जन
दोनों की संभावना साथ में है।

हर क्षण तथा हर वस्तु में

तेरे द्वारा सब कुछ
रूपांतरित हो,
अपनी ऊँचाई को पाता है,
तेरे में सारे रहस्य
और शक्तियों का उद्भव है
तेरे ही चेतना से जुड़
तुझ में निवास कर
दिव्यता के तेरे स्वरूप को
पाना संभव है।

तू ही सत्य है,
तेरे पूर्ण ज्ञान से बाहर
कुछ भी नहीं,
सार रूप में सबकुछ
तेरे कार्य, बिना तू
नहीं होता कुछ भी सही।

हमारी सत्ता का
एकमात्र क्रियाशील तत्व
ऐकांतिक रूप में
तेरे साथ निवास करता
जीवन का कृतित्व।

कमजोर पक्षी की तरह
सदैव पंख पर
भरोसा नहीं कर
उड़ने में संकोच करता
तेरे साथ निश्चित का
संबंध प्राप्त कर
उड़ान का घोष करता।

मैं केवल तुझे ही अनुभव करूँ,
हर क्षण तथा हर वस्तु में।
ओ, जीवन के शाश्वत साथी,
अंतरतम का अर्चन, तुझको अर्पण।

प्रेम के पहले

एक पत्थर–
हर पत्थर में प्रेम होता है
अगर सहानुभूति से संबंध बनाये,
उस पल ही
हम प्रेम में पड़ जायेंगे।

व्यक्ति में संवेदना नहीं
तो, जीवन नीरस होता है।
सुंदर फूल के पास भी रहकर
प्रेम का अभाव होता है।

प्रेम भीतर की पीड़ा है,
देह की अग्नि है,
यह जलता है
तब प्रेम खिलता है।

हाथों से छूकर
सूंघकर
जीभ का स्वाद
और चेहरा से लगाकर
जब महसूस किया जाए, तब
प्रेम होता है।

प्रभु, ले चल नैया उस पार

प्रभु, ले चल नैया उस पार
शाश्वत जीवन के पावन द्वार

पीढ़ी के ज्ञान का दर्शना चार
शब्द की वंदना का ये हैं भार

हिम सरिता का वो प्रबल धार,
श्वांस की गति पर करता वार

सृष्टि की पटकथा होते बेतार
जीवन को उलझा, देता मार

अखंड होने की इच्छा बारंबार
मौन अर्चना का है अपना हार

अंतर्मन में छाओ चितचोर

डूबा सांझ, नहीं हुआ भोर
अंतर्मन में छाओ चितचोर

दिल पे जब तू न आये
माया-मोह मुझे भरमाये
दुख-सुख दोनों के पार
मन की यात्रा गया हार

प्रेम लगायो,अब तेरी ओर
अंतर्मन में छाओ चितचोर

बेरूखा इस जग में रहे
अनहद निनाद यह कहे
पूर्ण आहुति का ये यज्ञ
प्राण को दे अपना संग

विश्राम का बस तू ही छोर
अंतर्मन में छाओ चितचोर

क्षिति पार भी तेरी गति
संबंधों की रही सहमति
संग रहा सदैव तुम्हारा
फिर क्यों रहा बेसहारा

तेरी अनुभूति से भींगे पोर
अंतर्मन में छाओ चितचोर

भीड़ हमें पसंद है

हम राजा नहीं
वरन् आकाश सदैव खुला है
हमारी फितरत है
नीचे पैर रखकर चलने की
इस कारण धरती पर
बंदीगृह का एहसास
यातनाओं का दुख
यह सब हमने बनाये है

इससे बचने के लिए
भीड़ हमें पसंद है,
वहाँ चिंता नहीं होती
दायित्व नहीं होता, तब
रोज नई परिभाषा गढ़ते हैं

दायित्व दूसरों पर फेंक
बड़ी शांति आती है
यह बड़ा सुख है।
बहुमत के पीछे चलने में
दूसरों को घेरने में
हमारी सारी बुद्धिमानी है।

भीड़ में शामिल होकर

जिस दिन दायित्वबोध छोड़ते हैं
उस दिन ही
हम समाप्त हो जाता है
और एक
मैं का उदय होता है

हमारा यह बंधन

एक दिन हम चले जायेंगे
हमारी बातें, हमारी हंसी और हमारा संबंध
बर्फ की भांति अंदर से ठहर जायेंगे
लेकिन, कुछ भी नष्ट नहीं होगा
सब समय के गर्भ में रहेंगे
अस्तित्व में गूंजगी हमारी आवाजें
गर्म, सजीव और गति के साथ।
बहुत समय के बाद जब हम लौटेंगे
अगर लौटे तब,
तो क्या हम अपनी आवाज को पहचान पायेंगे ?
जान सकेंगे अपने संबंध की गर्माहट को
जीवन के उस नये मोड़ पर।
ठीक उस वक्त क्या-क्या कहाँ था ?
क्या गाया था, और क्या भूला ?
कितना कठिन है यह
यह जानना कि अपने आपको पहचानना।
स्वर को स्मरण करने के लिए
सदैव बनाये एक बंधन
अस्तित्व के साथ जोड़े मन।

मौन में विलीन होते पल

जो पल तुम्हारे साथ बीताता हूँ
उन्हें ही जीता हूँ सदैव।
उस पल में ही हमारा सारा अस्तित्व बहता है
तन्मयता के हरेक क्षण का आना
हमारा साथ होना है।
ये पल अकेले पल नहीं होते, पर
हम कहाँ देख पाते हैं?
उन पलों को, उन पलों में।
तुम्हें क्या लगता है,
जब तुम्हारा एहसास मुझको छूता है
वहाँ तुम नहीं होते हो?
मैं भी हूँ तुम्हारे साथ
सदैव और सर्वदा
लेकिन मैं देखना चाहता हूँ
उस जीवन के मोहक पल को
जिसे छोड़ना कितना कठिन होता है
पर वे सारे पल
छूटते जाते हैं
मौन में विलीन हो जाते हैं।

खोना ही अग्नि है

तुम अग्नि हो
शाश्वत अर्थ है तेरा।
शक्ति हो, प्रज्वलित करते हो-
मुझे भी पवित्र कर दो ना।

तुम संपूर्ण पुरुष हो
तुम्हारा मन, तुम्हारी देह, तुम्हारी आत्मा
सब एक हैं
तुम से मिलकर सब संपूर्ण हो, तो
मुझे भी तुम एक कर दो ना।

एक दूसरे में विलीनता की तड़प
खो जाने की जिद
देह का सूक्ष्म और मन का स्थूल होना
यह खोना- अग्नि है तो
इस ताप का
मुझे सहभागी बना दो ना।
जब अलग-अलग अस्तित्व
तब अग्नि, जल और लहरें
तथा स्थूलता चरम उत्कर्ष पर सब
एक बन जाते हैं
खो जाना ही
चेतना का लक्ष्य है तो
मुझे भी अपने अंदर समेट लो ना।

जीवन एक खेल है

जीवन एक खेल है
लेकिन इसका अर्थ हार–जीत नहीं।
हिसाब–किताब के आधार पर
जीवन नहीं बिताया जाता,
मूल्य निर्धारित जिंदगी भी जीवन नहीं।
एक ही क्षण में
जीवन है, एक पल में
जो हमारे भीतर है
हमारे बीच में खड़ा।
दोनों को मिलने से रोकने के लिए
हम लौटते हैं
वहाँ से, जहाँ से चले थे।
अपना और तुमसे छूटना
एक जीवन साथ–साथ देख रहा हूँ
शोर के बीच, बिना जिए सब छूटता जा रहा।
भीतर एक निर्जन और बीहड़
जिससे घबराकर तुम्हारी ओर भागते।
अपनी बातें, अपनी हंसी, अपनी राह।
कभी आग की तरह गरम
कभी लगता
फूलों की तरह खिलखिला
जीवन हरेक समय एक वर्ग
हरेक पल एक
वृत्त और इसमें विभिन्न खेल।

यात्राएँ

वह लौट आया है
और हम चलते जा रहे हैं
रास्ते में बहुत चौराहे,
बहुत भीड़
तरह-तरह के रंगीन कपड़े पहने पर्यट्क
अपनी चाहत के साथ
अकेले
हमारी पहचान
पुरानी दुनियाँ के भगाये आदमी
अपनी हार
और जख्म को भूलाने की लिए
लगातार यात्राएँ,
एक जन्म में
सबकुछ जान लेने की कसक
जुगनू की तरह
क्षणभर में चमक खो देते
और इस यात्रा में
पुनः जब वापस आते
तब हमारी पीठ पर
पुराना बोझ लदा मिलता।

स्पर्श

एक बार
तुझे छूना चाहता हूँ।
तुम्हारी माथा,
तुम्हारी आँखें, कुछ भी।
तुम्हें छूना
असंभव को छूना है
फिर भी,
साहस करना चाहता हूँ कि
मैं असंभव को छू सकूं।
एक बार,
सिर्फ एक बार।
यह जो हवा बह रही है
इसी में
मैं सांस लेता हूँ
तुम कभी नहीं जान पाओगे
तुम्हारा कितना कुछ लिया
इन हवाओं के संग।
अपने होने का राज,
तुम्हारे होने का राज
सब इन हवाओं में मिला है।
इसलिए पहली बार मन किया-

तुझे स्पर्श करूँ,
तुझे छू लूँ।
इसलिए
हल्की-हल्की सांस के साथ
हथेलियों के फड़कन में
तुम्हें स्पर्श करता हूँ।

तेरे होने का एहसास

जब एहसास जीवित हो उठे
मन और आत्मा के
एक बनने पर
देह फैल कर
बोलने लगती है।
देह के स्वर,
संगीत नृत्य, चित्र
बरबस बेचैन होकर प्रकट करते हैं–
माथे की हरेक शिकन में
होठों की फड़कन में
न कह पाने की मजबूरी
उंगलियों की छुहन में
छिपा प्यार
देह की कपकपाहट में
साथ होने की अनुभूति
पलकों की बेचैनी में
छिपा डर
पैरों की तेज चालों में
भागते समय
और आकाश से धरती तक
गंध में सिमटी तेरी सुगंधि।

हमारे और तुम्हारे बीच ये सीढ़ियाँ

मैंने तुम्हें तकरीबन हर रोज देखा
दिन के हर रंग के उजाले में
रात के हर रंग के अंधेरे में
फिर भी कहाँ निर्णय ले पा रहा हूँ
सुबह के स्वागत
और शाम के स्मरण के बीच
भटकता रहता हूँ।

कुछ फैसला
हम कहाँ लेना चाहते हैं?
बस यूं ही फैसला का नाटक
करते रहते हैं।

वह तुम हो,
हमारे बीच में खड़ा
जो अच्छा लगता है
पर कुछ महसूस करने की जिद में
सीढ़ियाँ चढ़ता जाता हूँ
अंतिम सीढ़ी पर लड़खड़ाकर
खुद गिरता
और संभलता।
हमारे और तुम्हारे बीच

यह सीढ़ियां
यह मुझे ही पार करना होगा,
मुझे ही,
पार करना है।
तेरे तक आने के लिए।

यात्रा के बीच लौटना

हम एक दूसरे के
इतने करीब हैं
फिर भी छिटकने के लिए
सदैव तत्पर
हमारे हरेक कदम में
दूर होने की तैयारी
अलग होना ही
हमारी नियति
तो हो जायेंगे फिर एक बार अलग!
हम कौन हैं?
निर्धारण करनेवाले
न रास्ते चुने,
न समय और न ही माध्यम
हम तो सिर्फ
तय रास्ते पर सफर करते हैं
अपने आप को
जानने की राह पर चलना
मेरी मजबूरी है,
मेरा संघर्ष है
तुम जो इतने निश्चिंत हो।
क्या सचमुच हो?

तुमने भी छिपायी अपनी पीड़ा,
अपनी तकलीफ
एक सुखद तरंग की अनुभूति के बाद
इतनी यात्रा के बाद लौटना पड़े
कहाँ जा रहा हूँ?
तुम्हारे साथ
तुम अपनी जगह पर, मैं
ठीक उसी जगह पर,
जहाँ से चला।

जिसकी मुझे तलाश है

कभी-कभी लगता है
वह तुम नहीं जिसकी मुझे तलाश है
इतने आवरण में क्यों जीते हो
सदैव तुम
क्या जरूरत है इसकी ?

जब तुम और मैं एक
इतनी दूर क्यों रहते हो,
तुम मुझसे।
यह जीवन और उसके सारे पल
तुम्हारे लिए
और केवल तुम्हारे लिए हैं
कभी लगता, तुम यहीं हो
कभी कभी लगता
तुम यहाँ नहीं हो,
जिसकी है मुझे तलाश।

समय, नदी का पानी, हवाएँ
पेड़ों के पत्ते,
सब ठहरे ठहरे।
जहाँ तक दिखता है,
बस तुम हो

कदम बढ़ाते ही
यह धुंध कहाँ से आती है?
ऐसा खेल
जिसमें तुम हो निस्संग
और हम अकेला
उस धुंध पर तैरते।

जीवन रहस्य

बिलकुल सामान्य है
हमारे लिए दुनिया-
एक होमवर्क की तरह।
इस तरह बने रहना, और
हमारा जीवित बचे रहना
आज रहस्य बन गया है।

अंतरिक्ष में तैरते हुए
यह मान लेना-
दुनिया सदा से ऐसी ही है
इस कारण, कुछ भी
हमें आश्चर्यचकित नहीं करता।
हम जैसे-जैसे बड़े होते हैं
गुरुत्वाकर्षण के शिक्रजे में,
दुनिया बन जाती है
हमारे लिए एक आदत।

बड़े होने के लोभ में
संसार के विस्मयकारी भाव
खो जाते हैं, फिर
दुनिया के प्रति विस्मय की क्षमता
और साथ ही उसके रहस्य
धीरे धीरे हम खो देते हैं।

एकदम मंद और
नीरस अस्तित्व के वशीभूत
आराम की कोमल नींद में
गहरे पड़े हुए
स्वयं को, जायकेदार भोजन
और पेय पदार्थों के
समक्ष नतमस्तक
ऐसे सो जाते हैं
जैसे लोरी गाकर सुला दिया गया है।

यह एहसास ही नहीं होता कि
जीवन एक रहस्य है।

आदत

कुछ महीनें गर्भ में रहने के बाद
शिशु जब बाहर आता है
उसकी हरेक चीज विस्मित करती है
उसकी बातों में अर्थ होता है कि
वे अद्भूत दुनिया में आ गये हैं।
बच्चे हर बार जानवर को देखकर
बांह लहराते हैं,
उछलते कूदते हैं,
मुंह से विविध स्वर निकालते हैं।
और हम हर बार कहते हैं
शांत हो जाओ
अचरज की वस्तु नही हैं दुनिया।

थोड़ा बड़ा होने पर
उसी बच्चा को, अब
जानवर उत्तेजित नहीं करते
हमारी आदतों की वजह से
ठीक बोलने
और सीखने के पूर्व
बच्चों के लिए
दुनिया एक आदत बन जाती है
जैसा है,
वैसा ही स्वीकार
हम दुनिया में चलते जाते हैं।

सभी चीजें बहती हैं

हर चीज बहती है
सदा बनी रहनेवाली कोई चीज नहीं
जब भी हम दूसरी बार
नदी में पैर रखते है-
वह नदी
कहाँ पहले जैसी होती है?
हर चीज बहती है, लेकिन
मूल रूप से कुछ नहीं बदलता।

एक फूल और जानवर मरते हैं
इससे पृथ्वी, हवा, अग्नि, जल और आकाश
तत्व अलग हो जाते हैं
किंतु इन परिवर्तन में भी
पानी, मिट्टी, आग और हवा
बराबर बने रहते हैं।

मिट्टी कोआँख देखता है
हवा को महसूस
पानी तथा अग्नि के परिवेश
को चारों ओर पाता है
बहते हुए सारे तत्व
मिलते हैं, अलग हो जाते हैं
सारे पदार्थों में सभी समान रूप
से दुबारा मिलने को तत्पर।

...जो कभी नहीं बदलता

रचना में शामिल सूक्ष्म कण
कभी नहीं बदलते।
रूप और आकार
केवल आते-जाते रहते हैं
हमारे जीभ के अणु
कभी हाथी या घोड़ा के हाथ रहे होंगे
कल वही अणु
प्रकृति में घुलते-मिलते
पेड़ के फूल या खरगोश के खाल
बन सकते हैं।
एक पेड़,
जानवर और हम
मर कर, विखंडित या संयुक्त हो
बरगद की टहनी बन जायेंगे
प्रकृति में हर
चीज बहती जा रही है

नियति

हमारी बीमारियाँ
देवताओं के दंड नहीं,
तनिक भी
इसपर विश्वास नहीं है,
फिर भी प्रार्थना करते,
ताकि स्वस्थ जीवन का उपहार मिले।

लोगों का खुद पर नियंत्रण नहीं
हमारी स्वतंत्र इच्छा
हमारे साथ नहीं रहते हैं,
पत्रिकाओं में नक्षत्रों को देखकर
लोग मंदिर के दरवाजे खटखटाते हैं,
तेरहवें शुक्रवार से बचते हैं,
हरेक सावधानी बरतते हैं कि
बिल्ली हमारे रास्ता को नहीं काटे
ताकि शुभ हो।

बारिश के साथ चलकर

बारिश की बूंदों के साथ चलकर
यह पता चला कि
बादल से नहीं आती है वर्षा
समुद्र कारण नहीं।
लेकिन यह अकारण भी नहीं।
वर्षा आती है ,हमारी प्रार्थनाएँ सुनकर
हमारी कामनाओं से
और हमारी याचनाओं से।
वर्षा आती है।
वह हमारी प्यास बुझाने आती है।
वर्षा इसलिए आती है
ताकि पौधे बढ़ते हैं
पेड़ों पर आम और कटहल आते हैं
धान में फलियाँ आती
वे पक सके और
धरती के जीव उसको खा सके।
नदियों में पानी बन बहती है
ताकि मनुष्य और जानवर पी सके
आकाश के बादल, हमारे
हृदय की धड़कन से जुड़े हैं
इसीलिए हर प्रार्थना पर
वह धरती की ओर मुड़े हैं।

सबसे अच्छी खुशी

जब हम सोच से नीचे, नहीं
गिर रहे होते हैं,
बल्कि ऊपर उठ रहे होते हैं।
और इसे करीब से हम देख पाये, तो
वह सबसे अच्छी खुशी है।

सबसे अच्छी खुशी-
मिट्टी से मनुज तन का मिलना नहीं
नाक में जीवन की सांस का आना
और मनुष्य का सजीव बन जाना है।

शरीर में हवा का आना
और उसका बाहर निकल जाना नहीं
बल्कि उदर के फैलने और सिकुड़ने
के बीच एक सांस रहित
अवकाश बनाने में सिमटी है अच्छी खुशी।

हमारी रोजमर्रा की जिंदगी में
सांस सबसे छोटी चीज नहीं होती है।
इस नगण्य दृश्य को महसूस करने
और एक कंपन के साथ
खुद को जोड़ने में अमिट खुशी सिमटी है।

इंद्रियाँ से देखते हैं जगत को

इंद्रियाँ से देखते है जगत को
इंद्रिया आकार बनाती है
छूने, सुनने, देखने और स्वाद के बाद
ढांचा, रूप, आकार का निर्माण होता है
चलते हुए मकान की तरह है हमारी प्रकृति
जिनमें कई खिड़कियाँ हैं और
उनमें कई रूप, आकार, स्वर और स्वाद का वास है।
जब भी छूते हैं, निराकार छूते हैं
लेकिन हाथ, स्पर्श के बाद आकार देता है।
जब भी देखते हैं, निराकार को देखते हैं
और आँख पर रूप बनता है
जब भी सुनते हैं, निराकार को सुनते हैं
लेकिन स्वर से पहचान बनाते हैं
जब भी खाते हैं, निराकार को खाते हैं
लेकिन जीभ एक स्वाद और शब्द बनाते हैं।
हम वही देखते हैं, जो हम हैं
हमारा पात्र छोटा है, और वह बहुत बड़ा
वह सब जगह से देखता है, सुनता है और बोलता है।
आकार वाली आँख से वह पकड़ में नहीं आता
आकार छोटा है और वह बड़ा।
आकार में वह समा जाए, तो वह भी निराकार कैसे रह पायेंगे ?

मन से हम हमेशा चलते रहते हैं

देह से हम भले ही रूक जाएँ
कहीं सुस्ताने लगें।
मन से हम हमेशा चलते रहते हैं।
देह अपने चले हुए का निशान छोड़ती है।
मन निशान भी नहीं छोड़ता।
उसके पैरों की गति को
पकड़ा भी नहीं जा सकता।
यह अजीब विडंबना है कि-
जब हम रूक जाना चाहते हैं,
तब भी हम रूकते नहीं हैं।
जान लेने की उत्सुकता के रास्ते पर
शरीर भटकता रहता।
हमारी ये इंद्रियां, हमारे ये मन
उस बाधा को हटाने में असमर्थ।
जब हम अंदर भटकते तो बाहर नहीं दिखता।
यह संसार एक कन्फयूजन है-
हम सबके लिए।
देह हो या मन
न ही किसी को बदलस जा सकता
और नहीं बंदी बनाया जा सकता
सब पवित्र हैं
एक बहती नदी की तरह।

देवता केवल शक्ति नहीं

अग्नि वाणी है
मुख से मुखरित होती है

वायु प्राण
नासिका उसका स्थान है।

आकाश चक्षु
आँख उसका केंद्र है।

जल वीर्य होकर
शरीर का संकल्प बना है।

दिशाएँ श्रवण
कान उसका ठिकाना है।

चंद्रमा मन बनकर
हमारे हृदय में समावेशित हैजो ब्रह्मांड में हैं,

वही शरीर के अंग हैं।

देवता केवल शक्ति नहीं
बल्कि उनकी शक्ति के कारक हम

वायु और प्राण
यानी ब्रह्म और आत्मा।

मन भ्रम है

श्वांस चल रहे हैं
पैर आगे उठ रहे हैं
हाथ हिल रहे हैं
मुंह से आवाज निकल रही है और
चेहरे को स्पर्श करती हवा बह रही है।

हरेक चीज सुंदर है
हम जीवन का अनुभव करते हैं
बस क्रिया का महत्व है
हम कहीं नहीं होते हैं
वास्तव में वहाँ कोई नहीं होता है।
केवल होने का अस्तित्व।

यह हमारा भ्रम है
मन के सृजन का कर्म है, कि-
हम भोजन कर रहे हैं
हम चल रहे हैं

कपड़ा पहनना
रोजाना काम पर जाना
सुबह-शाम भोजन करना और
थककर रात को सो जाना

हमने कुछ बनाया नहीं
न ही हमारे कारण कुछ हुआ-
भूख लगना या कपड़ा पहनना
इसको हमने कहाँ बनाया?
इसकी पूर्ति की, तृप्त हुए।

समस्या के साथ हम होते हैं
समस्या अकेले नहीं होती,
यह भ्रम मन ने बनाया
वासना से विलासिता की यात्रा
मन करता है

शरीर सदैव स्थिर है।
एक वृक्ष और पशु की तरह
उसे जो करना है,
वह मन से कहाँ पूछता है
भोजन का रक्त में रूपांतरण।

श्वसन, पाचन, उत्सर्जन
सब काम मन के बिना ही करता हैं शरीर
हारमोन्स और विटामिन्स बाहर से लाता है
शरीर को ऑक्सीजन चाहिए
वह गहरी सांस लेता है और छोड़ता है

शरीर के कार्य में मन नहीं होता है
और मन के बिना हम पशु और वृक्ष होते हैं
मन कुछ नहीं करता
वह बस विचार, अनुभूति और झूठ देता है।

हम सोए हुए लोग

नींद में हम चल रहे हैं,
बात कर रहे हैं, घृणा कर रहे हैं
प्रेम करते हैं और युद्ध भी।

धरती पर आने से लेकर जाने तक
चिंता, दुख, पीड़ा और मृत्यु की कथा
जीवन बीता जाता है और आनंद ?
आनंद की झलक भी नहीं मिलती।

हमारे चारों तरफ सोए हुए लोग हैं
कभी कोई सुकरात जागा, कोई राधा जागी
तो जहर का प्याला बढ़ा दिया।
ईसा ने बोला तो सूली पर लटका दी।
बुद्ध को देवता बना दिया, नानक को सदगुरु।

हमारे चारों ओर सोए हुए लोगों की भीड़
जागे को जल्दी सुला देना चाहता है-
भीड़ को पसंद नहीं कि-
कोई मेरी नींद को तोड़ने का साहस करे।

जिसने भी नींद से जगाने का प्रयास किया
हमारे बीच का कोई गरदन पकड़ लेता है-
और हमें पता ही नहीं चलता।
सब एक जैसे नींद में सोये
उठते, बैठते और चलते जाते हैं।

मनुष्य बीज है

जो बीज को देखते हैं,
वहाँ जीवन नहीं होता।
भीतर छिपा है जीवन के अंकुर
बीज जब मिट्टी में गल जाता है
तो खोल से बीज खुद को प्रकट करता है

मनुष्य भी सिर्फ बीज है।
जीवन का अनुभव है वृक्ष हो जाना
जब अंदर का अंकुर फुटता है
तो मनुष्य वृक्ष बनता है
वास्तविक रूप में आता है।

न बीज को पता है और न ही मनुष्य को
जीवन का पूर्ण अनुभव।
मिट्टी की सुगंध, धूप की ऊष्मा
हवाओं के संगीत
मन का शून्य में विचरण का सुख।

वृक्ष की टहनी, पत्ते, फूल और फलों में
बाहर के फैलाव में नहीं है जीवन
जो भी सत्य है, वह भीतर है।
दिखाई नहीं पड़नेवाली जड़ में जीवन है
वहाँ से प्रकट होती है जीवन की सारी क्षमताएँ

होने की संभावना और विस्तार के चिह्न।

देह है बाहरी दीवाल, कठोर परकोट
भीतर है कुछ विस्तृत, वृक्ष की तरह
इस स्मृति का बोध
भीतर से बोधिवृक्ष का प्रकटीकरण
वास्तविक है, जो फैलता जाता है-
वट वृक्ष की भांति मिट्टी से शून्य तक।

जीवन में कोलाहल

चराचर में गूंजतीं तेरी शोर
सांसों की तार पर प्राणों की हिलोर।

वनों में पसरा मौन विराम,
विराम में पक्षियों के स्वर की साज.।।
ऊंचाई पर आकाश का सन्नाटा
सन्नाटों के बीच बादलों की आवाज।।

समस्त ध्वनियों का एक निचोड़,
सांसों के तार पर प्राणों का हिलोर।

सुबह में उठना हो या
नदियों का पहाड़ों से उतरना।
रात को नींद में स्वरों का निनाद हो या
हवाओं का वृक्षों से गुजरना।।

शून्य में प्रकट के कई छोर,
सांसों की तार पर प्राणों की हिलोर।

जलों में एक लयबद्धता, पर
पानी की लहरों के अंदर की हलचल।
जब मौन, तब भी भीतर स्वर
अस्तित्व में चहुँओर हैं ये कोलाहल।।

अहर्निश बस, अर्चना का जोर
सांसों की तार पर प्राणों का हिलोर

ज्ञान एक तत्व है।

जीवन में पंचभूत ही नहीं
ज्ञान भी एक तत्व है,
पदार्थ, परमाणु, अवयव की तरह
ज्ञान भी एक अहम सत्य है।

सोना, ऑक्सजीन, पंचभूत
हरेक तत्व की परिभाषा होती है
स्पष्ट सीमाओं और
केवल निश्चित मात्रा के साथ ही
गहना बनाना या
सांस लेने की आशा पूरी होती है

तत्व बनने के लिए
निश्चित दायरा जरूरी है
क्रमिक विकास न हो
तो, व्यक्ति का ज्ञान अधूरा है

ज्ञान की निश्चित मात्रा
व्यक्ति का विकास कराता है
उसकी असीमित मात्रा
झगड़ा, पक्ष–विपक्ष, अपने विचार
द्वंद्व का कारण बनाता है।

बदलाव को अपनाना
तत्व, पदार्थ और पंचभूत
की मूल प्रकृति है,
ज्ञान का मतलब भी
बदलाव को अपनाने की
क्षमता को रखना है।

ऊर्जा का उदगम

फूल खिलते हैं ऊर्जा से
कांटे भी ऊर्जा से निकलते हैं –
फूल से फल उसी ऊर्जा से बनता है
ऊर्जा छिपकर बैठा है–
पत्ते, फूल और फल में।

मुस्कुराने से आती है ऊष्मा
सोने के बाद जागने पर मिलती है ऊर्जा
शक्ति आती है सृजन के विचार से
और ऊष्मा के संचार से।

ऊर्जा सोया रहता है
प्रकृति से जुड़ा रहता है
उसका सुवास शक्ति देती है
जल से ऊर्जा का संचार
और भोजन से ऊष्मा मिलती है
जीवन प्रतिपल ऊर्जा का सृजन करता है

ऊर्जा का उपयोग दुधारी तलवार है
अगर वृक्ष फूल नहीं बनाया,
तो वह कांटा बन जायेगा
फल मीठा नहीं तो कडुवा हो जायेगा

ऊर्जा का प्रभाव अन्नकोष से
मनकोष तक होता है- ऊर्जा
बहती है, और बहेगी
करुणा नहीं, तो क्रोध बनेगी, हमारी ऊर्जा
अगर प्रेम नहीं तो काम बनेगी।

जीवन का आकाश हो जाना

यह जो चारों तरफ घेरे हुए हैं
जो हमारे भीतर भी है, और बाहर भी
जो हमारी श्वासों में है
जिनके बिना हमारा जीवन नहीं हो पाता
हम नहीं थे, तब भी जो था,
और हम नहीं होंगे, तब भी जो रहेगा।

आकाश से अर्थ है इस परम अस्तित्व का
जहाँ अनंत चेतना के पदचिह्न पड़े हैं
उनके स्वरों की प्रतिध्वनि गूंज रही है
उनके प्राणों में पूरा आकाश समाया
जगत का गहरा अनुभव है
जो रहस्य है, इस जगत की अनुभूति है
उसे संवारा, आकाश ने रख लिया है।

इसी आकाश से आये स्वरों को सुना गया
वेद को ऋषियों ने कहा–हमनें सुनी है वाणी
कृष्ण, बुद्ध, महावीर, कबीर और भी प्रबुद्ध
सबने सुनी आकाश की वह वाणी
मन से परे, आकाश का रहस्य प्रकट हुआ

हवा का एक झोंका आया, पानी की कुछ बूंदें
अंदर कुछ गरमाहट हुई
और धरती की तरह, अतस से निकली
अनंत सुगंधि की धारा बही
जिसे मोक्ष, निर्वाण, कैवल्य और बहुत नाम मिला।

पंचप्राण

आकाश उसका शरीर
लेकिन आकाश उसको जानता नहीं।

पानी में भी वही डूबा
किंतु पानी को है पता नहीं।

पृथ्वी में बंद वह
मगर पृथ्वी उसे मानती नहीं।

अग्नि में आलोकित सदैव
पर, अग्नि का कोई नाता नहीं।

हवा संग गमन करता वह
फिर भी, हवा को लगता नहीं।

जहाँ है प्राण, जहाँ है जीवन
वही है वह।

पृथ्वी

धरती बाहर कहीं नहीं
हम अपने अंदर धरती को लेकर चलते हैं
हमारे शरीर में है उसका भारीपन
यह अहंकार ही जीवन को भारी करते हैं।
वायु के बाद है, आकाश का तान।
उर्ध्व विकास हो मानव का–
इसलिए पृथ्वी का पहला स्थान।
गुरूत्वाकर्षण के विपरीत,
ऊपर की ओर अनवरत उठना,
जब आकर्षण हो, शक्ति के साथ
तब, पृथ्वी तत्व की साधना।
जीवन का आधार रहता चुप।
प्रार्थना का यह उच्चतम रूप।

अपने अंदर के जंगल

अपने अंदर के जंगल में भटकता हूँ
मैंने कितने पेड़ काट डाले
कितने ही पौधों को नष्ट कर डाला।
इतना ही नहीं,
कितनी सूखी पत्तियों को बटोरकर आग लगा दी
इधर से उधर उड़ती विचारों की पत्तियां
जो हमारी मन के साथ मिलकर
शोर मचाती।
ये पत्तियाँ ढ़क देती मन की दीवार को
इससे छूटकारे का एक ही उपाय बचा है-
उन्हें जला दें।
हालांकि कहाँ यह अंत है
जब पतझड़ संग है।
हवा का एक तेज झोंक आता है
अंदर में दूर सुदूर तक फैले वृक्ष हिलने डूलने लगते।
सूखी पत्तियाँ हवा की दिशा में मुड़ जाती
फिर रास्ते में ही बिखर जाती।
सूखे शब्द पत्तियों की तरह खड़खड़ाते रहते।
तब पता चलता कि -
हवा बाहर ही नहीं अंदर भी चल रही है।

जिज्ञासा जल है

जिज्ञासा है
प्रगति की ओर पहला कदम
जिज्ञासा की तरलता ही गति होती है
तरल यानी
जल रूपी चेतना का प्रवाह।
इससे ही मिलता है सवाल का जवाब
जिज्ञासा जल है-
जिस भी पात्र में डालो
उसी का रूप और चरित्र धारण कर लेगा।
पौधों में बन जाता है रस
प्राणियों में रक्त
और महान आत्माओं में
चेतना का रूप।
जिसमें कोई विकार नहीं-
विशुद्ध रूप से सभी के साथ एकाकार।
सत्य पथ का पथिक।
जिज्ञासा जल है।

❑❑❑